BEI GRIN MACHT SICH IHR WISSEN BEZAHLT

- Wir veröffentlichen Ihre Hausarbeit, Bachelor- und Masterarbeit
- Ihr eigenes eBook und Buch - weltweit in allen wichtigen Shops
- Verdienen Sie an jedem Verkauf

Jetzt bei www.GRIN.com hochladen und kostenlos publizieren

Bibliografische Information der Deutschen Nationalbibliothek:

Die Deutsche Bibliothek verzeichnet diese Publikation in der Deutschen National-bibliografie; detaillierte bibliografische Daten sind im Internet über http://dnb.d-nb.de/ abrufbar.

Dieses Werk sowie alle darin enthaltenen einzelnen Beiträge und Abbildungen sind urheberrechtlich geschützt. Jede Verwertung, die nicht ausdrücklich vom Urheberrechtsschutz zugelassen ist, bedarf der vorherigen Zustimmung des Verlages. Das gilt insbesondere für Vervielfältigungen, Bearbeitungen, Übersetzungen, Mikroverfilmungen, Auswertungen durch Datenbanken und für die Einspeicherung und Verarbeitung in elektronische Systeme. Alle Rechte, auch die des auszugsweisen Nachdrucks, der fotomechanischen Wiedergabe (einschließlich Mikrokopie) sowie der Auswertung durch Datenbanken oder ähnliche Einrichtungen, vorbehalten.

Impressum:

Copyright © 2017 GRIN Verlag
Druck und Bindung: Books on Demand GmbH, Norderstedt Germany
ISBN: 9783668644656

Dieses Buch bei GRIN:

https://www.grin.com/document/413347

Doreen Simon

Das Böse. Analyse und Vergleich des Begriffs des Bösen bei Hegel und Schelling

GRIN Verlag

GRIN - Your knowledge has value

Der GRIN Verlag publiziert seit 1998 wissenschaftliche Arbeiten von Studenten, Hochschullehrern und anderen Akademikern als eBook und gedrucktes Buch. Die Verlagswebsite www.grin.com ist die ideale Plattform zur Veröffentlichung von Hausarbeiten, Abschlussarbeiten, wissenschaftlichen Aufsätzen, Dissertationen und Fachbüchern.

Besuchen Sie uns im Internet:

http://www.grin.com/

http://www.facebook.com/grincom

http://www.twitter.com/grin_com

Wintersemester 2016/17

Essay

Simon, Doreen

Titel: Das Böse - Analyse und Vergleich des
         Begriffs des Bösen bei G.W.F. Hegel
         und F.W.J. Schelling

Das Böse

Analyse und Vergleich des Begriffs des Bösen bei G.W.F. Hegel und F.W.J. Schelling

Was ist eigentlich das Böse, wie wird es definiert? Wie werden Menschen böse und wie wirkt sich deren Verhalten auf sie im Einzelnen sowie auf die Leidtragenden bösem Verhaltens aus? Ein Versuch der argumentativen Beantwortung dieser grundlegenden Fragen wird in diesem Essay mit Hilfe von G.W.F. Hegels „*Grundlinien der Philosophie des Rechts*", „*Vorlesungen über die Philosophie der Geschichte*" und F.W.J. Schellings „*Über das Wesen der menschlichen Freiheit*" unternommen. Wie der Name von Schellings vorbenanntem Werk schon andeutet, ist es sinnvoll, auch darauf einzugehen, inwiefern und inwieweit sich zumindest die Möglichkeit eröffnet, böse Handlungen überhaupt zu erkennen sowie sich für oder gegen diese zu entscheiden. Im nächsten Aspekt soll dann in einem weiteren Schritt aufgezeigt werden, auf welche Weise es nach Hegel und Schelling realisierbar wäre, bösen Verhaltensweisen des Einzelnen entgegenzuwirken, um diese in ihrer Entfaltung zu beschränken oder besser noch aufzuhalten bzw. dies vielmehr zu versuchen. Zur Vorgehensweise hinsichtlich der Bearbeitung der aufgeführten Punkte bleibt noch anzumerken, dass diese mittels gemeinsamer sowie unterschiedlicher Positionen beider Philosophen nachvollziehbar dargestellt, jedoch insbesondere Unterschiede hervorgehoben werden sollen. Dabei ist es in dieser Arbeit von besonderer Bedeutung, anhand beider Sichtweisen herauszufinden, ob und weshalb dem Menschen die Schuld an selbst begangenen, als allgemein böse geltenden Taten zuschreibbar ist oder unter welchen Bedingungen ihm keine Verantwortung dafür angelastet werden sollte, möglicherweise bei prägnanten

Vorprägungen gesellschaftlicher/ sozialer Herkunft. Daraus ergibt sich ein weiterer wichtiger zu prüfender Aspekt, nämlich, inwiefern dann noch ein Mensch mit Wissen und Wollen bzw. bewusst böse agiert, unter der Annahme negativer sowie nachhaltig wirkender Einflüsse aus der Vergangenheit und/ oder Gegenwart des Einzelnen. Jeder Mensch hat, ob er will oder nicht und ob bewusst wahrgenommen oder unbewusst, bestimmte Prägungen erfahren. Diese sind Teil seiner Persönlichkeit/ seines Charakters. Daher besteht Anlass zur Frage, in welcher Weise jene Einflüsse den eigenen Willen und somit die Entscheidungsfähigkeit zu beeinflussen imstande sind, sodass Neigungen sowie auch Handlungen eines Menschen wesentlich davon geleitet/ fremdbestimmt werden und somit unklar wird, ob das Böse unter derartigen Voraussetzungen als Eigenschaft eines Menschen gelten kann.

Im folgenden werden zunächst Hegels Ausführungen über das Böse dargestellt, bevor vergleichenderweise auf Schellings Perspektiven hierzu eingegangen wird. Hegel klärt ersteinmal, dass der Begriff des Bösen solange abstrakt bleibt, bis dieser mittels bestimmter Handlungen des Einzelnen konkretisiert wird. Dies setzt voraus, dass einige Handlungen per in einer Gesellschaft geltender Normen bzw. im Gesetz eines Staats als böse eingestuft werden.[1] Zur Kategorie des Bösen zählt, wenn das Mitglied eines Staates seine Interessen, Begierden gegenüber denen anderer Mitglieder seiner Gemeinschaft höher schätzt bzw. bevorzugt und demgemäß handelt. Daraus wird verständlich, dass das Böse der Allgemeinheit, dem Guten/ den Gesetzen, entgegengesetzt ist/ diesem konträr gegenübersteht und, wie Hegel weiter beschreibt, dass das nur nach persönlichen Vorstellungen/ nach dem eigenen Willen handeln wollen als Verletzung des Guten/ Rechten gilt.[2] Damit wird auch klar, warum Hegel meint, dass die Tugenden bei einem bösen Menschen nur sehr gering ausgeprägt sind. Denn es mangelt bei diesem am Willen zum Guten bzw. Gesetze sowie Pflichten anzuerkennen und somit daran,

---
[1] Vgl. Hegel, Grundlinien der Philosophie des Rechts, S. 263, 270.
[2] Ebd., S. 261, 263, 281.

den eigenen/ subjektiven Willen, die mehr oder weniger schlechten Leidenschaften, wie z. B. Selbstsucht, Befriedigung eigener Begierden/ Wünsche, zum Wohle der Allgemeinheit zurückzustellen.[3]
Daher ist es nicht verwunderlich, falls es Menschen mit einer solchen Verfasstheit nach Hegel derart schwer fällt, sich für das allgemeine Gute zu entscheiden, dass sie versuchen, mittels Ausreden ihren schlechten Standpunkt, böse verfassten Willen zu vertreten.[4]
Ein böser Wille liegt jedoch beim Einzelnen nur vor, wenn er einerseits an sich böse handelt und andererseits von Natur aus schlecht ist. An sich böse sein bedeutet nach Hegel, wenn ein Mensch seine Triebe, Neigungen wesentlich willkürlich umsetzt bzw. verwirklicht, also ohne gute/ vernünftige sowie reflektierte Gründe dafür zu haben. Von Natur aus, also aufgrund von Selbstreflexion, böse sein und handeln heißt, zwar zu wissen, was allgemein als gut und böse definiert wird, aber der Einzelne sich dennoch bewusst für schlechte Handlungen entscheidet, somit ein schlecht konstituiertes/ gewordenes Gewissen hat.[5]
Das aus einem derart verfassten Gewissen resultierende böse Verhalten eines Menschen bezeichnet Hegel als die Besonderheit des Willens. Besonders ist ein böser Habitus deshalb, weil der Einzelne seinem natürlichen Wesen widerspricht. Seinem ursprünglichen Wesen nach, ist ein Individuum nicht böse, also nicht böse um des Bösen willen, sondern entwickelt erst mit der Ausbildung eigener Neigungen/ Begierden die Möglichkeit zum schlecht sein. Jedoch zählt Hegel jene subjektiven Gelüste auch mit zur Natur des Menschen, sie sind jenem natürlich.[6] Das ist insofern verständlich, weil diese Neigungen sonst nicht entstehen würden. Es scheint hier dennoch einen Widerspruch zu geben, welcher darin besteht, dass es einem Menschen wesentlich ist, zum einen von Natur aus nicht böse zu sein, aber andererseits ist es ihm natürlich aufgrund von

---

3 Vgl. Hegel, Vorlesungen über die Philosophie der Geschichte, S. 34, 38.
4 Ebd., S. 44.
5 Vgl. Hegel, Grundlinien der Philosophie des Rechts, S. 261, 266.
6 Ebd., S. 261, 263.

entstehenden persönlichen Neigungen nun doch böse zu sein.
Diesen Widerspruch löst Hegel auf, indem er meint, dass ein Mensch im Gegensatz zu Tieren die Wahl zwischen guten und schlechten Verhaltensweisen hat bzw. frei ist, sich für das eine oder andere zu entscheiden, das Objekt des Willens selbst auszusuchen. Somit wird deutlich, dass darin eine mögliche Ursache für die Entstehung des Bösen liegt, das Böse wie das Gute ihren Ursprung im Willen des Einzelnen haben und dieser insofern die Schuld für seine Taten trägt.[7] Passend dazu hat Hegel folgendes formuliert: *„Es ist also die Natur des Bösen, daß der Mensch es wollen kann, aber nicht notwendig wollen muß."* [8]
Für den Fall, dass ein Mensch nicht die Absicht hat, böse zu sein, dennoch eine als allgemein böse definierte Handlung begeht, stellt sich das zu klärende Problem, ob diese Tat nun böse oder gut ist. Hegels Beschreibungen zufolge kann jene Tat als eine gute gelten, dergestalt, wenn diese den Willen des Einzelnen/ Täters befriedigt und dessen Absicht für jene böse Handlung wesentlich eine gute ist. Hegel bekräftigt dies mit dem Beispiel des Diebstahls, indem armen Leuten mit der Gabe/ Spende gestohlener Produkte etwas Gutes getan wird oder wenn beispielsweise ein Mensch vor einem Kampf oder anders ausgedrückt, lebensgefährlichen Aufgabe davonläuft, um sein Leben zu schützen und weil er für sich sowie seine Familie sorgen muss.[9]
Anhand dieser Beispiele ist eine konkrete Form von guter Absicht insofern erkennbar, dass dabei etwas gutes getan wird, das auch nachweisbar ist. Aber sofern eine gute Absicht anstatt konkret vielmehr abstrakt ist und bleibt, ist diese nach Hegel böse.[10] Abstrakt bedeutet, dass die Realisierung des Guten dabei der Willkür des Subjekts unterliegt und jenes Individuum die nähere Definition guter Taten offen lässt, deren Ausgestaltung an seinen Neigungen orientiert.
Wie Taten oder Zwecke umgesetzt/ verwirklicht werden, hängt von den verwendeten Mitteln ab. Sind die gewählten Mittel schlecht, werden diese nicht

---

7 Vgl. Hegel, Grundlinien der Philosophie des Rechts, S. 262 – 264, 270.
8 Hegel, Grundlinien der Philosophie des Rechts, S. 265.
9 Vgl. Hegel, Grundlinien der Philosophie des Rechts, S. 270, 271.
10 Ebd., S. 271.

durch einen vernünftigen/ guten Zweck gut, sonst würde es der Willkür des Individuums obliegen, zu entscheiden, was zur Kategorie gut oder böse gehört und würde dem nur abstrakt guten Willen entsprechen, welcher nach Hegel als schlecht eingestuft wird.[11]

Diese zufällige Unterscheidung in die Begriffe gut und böse nennt Hegel auch absolute Sophisterei. Er weist an dieser Stelle des Weiteren darauf hin, dass durch deren Betreiben zum Verschwinden beider Kategorien beigetragen wird.[12] Das würde ein heilloses Durcheinander von moralischen Werten bedeuteten und es wäre folglich unter den Mitgliedern eines Staates unklar, bei welchen Handlungen sich ein Mensch gegenüber anderen schuldig macht oder nicht. Aber unter rechtlosen Umständen gilt jeder als unschuldig, zumindest im hegelschen Sinne, welcher die These aufstellt, Taten gelten erst als böse, wenn dies gesetzlich so festgelegt wird.[13] Insofern können Menschen genauso per Gesetz bei entsprechenden Handlungen als schlecht eingeordnet werden.

Wenn der Einzelne eine per gesetzlicher Regelungen unter Strafe gestellte Tat begeht, verhält er sich nicht nur schlecht gegenüber dem Leidtragenden. Hegel erweitert den Schadensbereich der Tat mit auf den Täter. Denn dieser riskierte während des Vollzugs der Straftat gleichzeitig seine Bestrafung dafür, vorausgesetzt, diese kann ihm nachgewiesen werden. Insofern schadete der Verbrecher sowohl sich selbst als auch dem Opfer.[14]

Als Vergleich zu den bisherigen hegelschen Ausführungen werden nun Schellings Perspektiven aufgezeigt, wobei, wie eingangs bereits mitgeteilt, größtenteils auf konträre Positionen eingegangen wird.

Genau wie Hegel geht auch Schelling auf die Freiheit als Quelle des Bösen ein, indem er die Freiheit des Einzelnen als die Möglichkeit des Bösen bezeichnet. Nur wenn das Individuum frei handeln kann, hat es die Wahl böse zu sein, bei sich und seinen Begierden zu bleiben. Mit dem Verlust der Freiheit geht somit

---
11 Vgl. Hegel, Grundlinien der Philosophie des Rechts, S. 271 – 273.
12 Ebd., S. 284.
13 Ebd., S. 263.
14 Vgl. Hegel, Vorlesungen über die Philosophie der Geschichte, S. 43.

das Schwinden des Bösen einher.[15]

Im Rahmen der Frage nach dem Ursprung des Bösen behauptet Schelling, anders als Hegel, alle Handlungen seien mehr oder weniger vollkommen bzw. positiv/ gut. Daraus schlussfolgert er vorerst ebenfalls ein Verschwinden des bösen als Bewertungskategorie. Doch darauffolgend wendet er ein und schreibt wie Hegel, der Einzelne sei in der Lage, böse zu handeln. Dabei sieht er meines Verständnisses nach das Problem für den Einzelnen, sich für oder gegen das Böse zu entscheiden. Und hat sich dieser dann aus freiem Willen für das Böse entschlossen, ist erneut unklar, was genau das Böse ist.[16]

Eine Erklärung liefert Schelling mit einer Position wie bei Hegel, das Böse entstehe entweder unwillkürlich, aufgrund äußerer Umstände, oder willkürlich, durch den Willen eines Menschen und beständigen schlechten Taten sowie dem Verbleiben in Unwissenheit und Nichtanerkennen der Notwendigkeit von Verstand, um gut handeln zu können.[17] Fehlt es an Verstand, sind Handlungen wesentlich mehr von blinden/ unreflektierten Begierden geleitet. Ein Mensch strebt dann, wie Schelling verdeutlicht, zum Chaos[18], agiert in diesem Zustand nicht ausreichend orientiert, fördert damit böses Verhalten gegenüber seinen Mitmenschen.

Neben Klugheit, um böse Handlungen erkennen und vermeiden zu können, bedarf es nach Schelling realistischem Nachdenkens.[19] Der Einzelne entzieht sich das Vermögen, die ihn umgebenden Umstände sowie seine Lage richtig einzuschätzen, wenn er nur nach eigenen Kriterien oder gar überhaupt nicht darüber reflektieren will. Damit missbraucht er seinen Verstand als bloßes Mittel seines Willens.[20] Wenn daraus dann schlechte Handlungen hervorgehen, ist der Einzelne nach Schelling auch trotz mangelnder oder fehlender Einsicht selbst daran schuld, sofern davon ausgegangen wird, dass er seine Entscheidungen frei,

---

15 Vgl. Schelling, Über das Wesen der menschlichen Freiheit, S. 64, 76.
16 Ebd., S. 65, 66.
17 Ebd., S. 67, 72, 73.
18 Ebd., S. 90.
19 Ebd., S. 68.
20 Ebd., S. 76.

unabhängig von anderen Einflüssen trifft.[21]

Anhand dessen erscheint Schellings Äußerung verstehbar, dass zum Erkennen des Ursprungs des Bösen näher betrachtet werden muss, wie ein Mensch mittels seines Willens seine Freiheit definiert, inwieweit er seine Handlungsmöglichkeiten als Teil einer Gesellschaft gegenüber deren Mitgliedern ausweitet. Wie Hegel stellt auch Schelling an dieser Stelle fest, dass es nur dem Menschen eigen ist, zu wählen, wie er handelt. Tiere sind nicht dazu imstande.[22]

Gleichzeitig gibt Schelling zu erkennen, dass ein böser Mensch seine Freiheit einschränken muss, so er bestrebt ist, lediglich nur nach seinen Bedürfnissen/ Begierden, also willkürlich und eingeschränkt zu handeln. Würde dieser Mensch bezüglich seiner zu verwirklichenden Absichten diejenigen des Allgemeinwohls mit berücksichtigen bzw. beachten, müsste er einigen seiner Eigenheiten/ subjektiven Wünsche teilweise entsagen.[23]

Andererseits ist das Erscheinen bzw. sich Verwirklichen des Bösen/ schlechter Begierden notwendig, um das Gute feststellen zu können und umgekehrt dasselbe. Schelling nennt dies eine wechselseitige Offenbarung. Schlechte und gute Taten provozieren/ bedingen sich somit gegenseitig. Und solange es Menschen gibt, wird dieser Prozess fortdauernd anhalten.[24]

Daraus erschließt sich, wie sich böse Denk- und Verhaltensmuster über Generationen von Menschen hinweg reproduzieren lassen und warum Schelling diese Ansicht erweitert, indem er meint, dass sich eins aus dem anderen entwickle. Hierunter ist die Weitergabe vom Begriff/ der Vorstellung des Bösen von einer zur nächsten Generation unter den Menschen gemeint, nach Schelling ein immerwährendes Aufheben/ Integrieren vorangegangenem geschehenen Bösen. Dies prägt eine Gesellschaft, das Verhalten von deren Mitgliedern untereinander. Schlechte sittliche Verhältnisse werden dadurch nachfolgenden Generationen vorgelebt und diese werden aufgrund dessen entsprechend schlecht

---

21 Vgl. Schelling, Über das Wesen der menschlichen Freiheit, S. 78, 86, 98.
22 Ebd., S. 86, 87.
23 Ebd., S. 97, 98.
24 Ebd., S. 89, 96, 97.

geprägt.[25]

Schelling führt diesen Gedankengang noch weiter aus und meint entgegen Hegels Äußerung meines Verstehens nach, dass das Böse dem Menschen wesentlich werden kann. Dies geschieht aufgrund der Weitergabe des Bösen, womit der Einzelne ein Bewusstsein dafür entwickelt, dementsprechend schlechte Neigungen daraus hervorgehen, welche dann zum Wesen eines Menschen werden und gehören.[26]

Angenommen, das Schlechte wird dem Einzelnen derart wesentlich, dass dieses dominiert, das Gute somit verdrängt, dann wird klar, warum Schelling das Böse als die Aufhebung des Guten und andersherum behauptet.[27] Anders ausgedrückt, wo böses getan wird, findet keine gute Handlung statt und umgekehrt.

Letztendlich hängt es aber nicht von den menschlichen Begierden ab, ob ein Mensch böse ist und handelt, sondern, wie Schelling in besonderem Maße betont, von der Verfasstheit dessen Willens. Neigungen können demnach schlecht sein, aber ein Mensch kann sich vermöge seines Willens dagegen und für das allgemein Gute entscheiden oder für die Umsetzung persönlicher Begierden und gegen das Gute.[28]

Abschließend und dieses Essay resümierend zusammenfassend, bleibt festzustellen, dass bei Hegel als auch bei Schelling das Böse äußere sowie innere Ursachen hat, das heißt, es ist einerseits von Fremdeinflüssen seitens einer über Generationen hinweg vorgeprägten Gesellschaft und andererseits durch den subjektiven Willen des Einzelnen verursacht. Beide Faktoren zusammen sind wichtig, um zu ermitteln, warum ein Mensch böse ist und sich dementsprechend verhält.

Die Auswirkung bösem Verhaltens des Einzelnen gestaltet sich derart, dass davon Betroffene gemäß Schelling dadurch zum Guten streben. Das ist verständlich,

---

25 Vgl. Schelling, Über das Wesen der menschlichen Freiheit, S. 92, 94.
26 Ebd., S. 97.
27 Ebd., S. 80, 90, 97.
28 Ebd., S. 87.

denn wem etwas Schlechtes angetan wird, derjenige möchte in der Regel den Zustand von Unversehrtheit, so als wäre ihm nichts böses widerfahren, was als allgemein gut gilt, wiederherstellen.

Der Verbrecher wiederum hat mit dieser Tat seine Neigungen befriedigt, ist aber dennoch nach Hegel nicht unversehrt geblieben. Er hat auch gegen sich selbst böse gehandelt, indem er durch die Schädigung eines anderen seine Freiheit riskiert hat.

Das Riskieren seiner Freiheit setzt Gesetze voraus. Per gesetzlicher Regelungen wird im Rahmen einer staatlichen Gemeinschaft versucht, dem Bösen entgegenzuwirken, indem böse handelnde Menschen bestraft werden. Als weitere Mittel gegen das Böse führt Schelling das gute Handeln an. Gut zu handeln ist zwar einerseits gut als Gegenmittel für das Böse, stellt aber auch gleichzeitig dessen Hervorrufen dar.

Das scheint vorerst widersprüchlich. Aber Hegel sowie Schelling lösen diesen Widerspruch auf, indem sie dem Individuum sowohl das Potenzial gut als auch böse zu sein zuschreiben. Wenn jemand böse sein will, wird gutes Verhalten nicht entfaltet und andersherum. Böse sein zu wollen setzt wiederum voraus, sich vorstellen zu können, was es heißt, böse zu sein. Aber worauf es ankommt ist, dass der Einzelne die Wahl hat, gut oder schlecht zu handeln.

Wenn der Einzelne sich seiner Wahlmöglichkeiten diesbezüglich bewusst ist, dann kann er auch beurteilen, ob er gut oder böse denkt und handelt, hat gemäß Schelling einen Begriff vom allgemein Guten und Schlechten. Insofern ist dem böse Handelnden Absicht hinsichtlich seiner Taten unterstellbar, er handelt sozusagen mit Wissen und Wollen schlecht.

Es ergibt sich aus den bisherigen Ausführungen, inwiefern das Böse gewusst/ wie dieses allgemein definiert werden kann. Daran anknüpfend entsteht die Frage, ob ein Mensch wollen kann, böse zu handeln und auf welche Weise er sich dafür entscheidet. Schelling bleibt mit seinen Erklärungen hierüber im Unklaren und gibt direkt an, dass dies noch einer besonderen Untersuchung bedarf.[29] Hegel

---
29 Vgl. Schelling, Über das Wesen der menschlichen Freiheit, S. 98.

scheint dies meiner Auffassung nach wesentlich mit einem Zusammenwirken von Desorientiertheit, aufgrund unzureichendem Verstand, und daraus resultierender Gefahr, willkürlich zu handeln, zu begründen.

Diesem Problem intensiver nachzugehen ist jedoch nicht Teil dieses Essays, bietet aber ein spannendes Thema für eine weitere Arbeit. Das Hauptziel dieser Arbeit war, eine allgemeine Vorstellung vom Bösen auf möglichst nachvollziehbare Weise zu skizzieren, was aufgrund des teilweise schwierigen Verständnisses der zuweilen sehr abstrakten Formulierungen bei Hegel, aber insbesondere bei Schelling herausfordernd für mich war.

Literaturverzeichnis

G. W. F. Hegel: Grundlinien der Philosophie des Rechts, I. Auflage, Frankfurt/Main: suhrkamp taschenbuch wissenschaft, 1986: S. 264-286

G. W. F. Hegel: Vorlesungen über die Philosophie der Geschichte, II. Auflage, Frankfurt/Main: suhrkamp taschenbuch wisschenschaft, 2015: S. 29-42

F.W.J. Schelling: Über das Wesen der menschlichen Freiheit, Stuttgart: Philipp Reclam jun., 1964: S. 64-99

BEI GRIN MACHT SICH IHR WISSEN BEZAHLT

- Wir veröffentlichen Ihre Hausarbeit, Bachelor- und Masterarbeit

- Ihr eigenes eBook und Buch - weltweit in allen wichtigen Shops

- Verdienen Sie an jedem Verkauf

Jetzt bei www.GRIN.com hochladen und kostenlos publizieren